J.-C.-ALFRED PROST

TROIS

OEUVRES D'UN MÉCONNU

EXTRAIT

DE LA

VIE DE FERDINAND THÉNARD

PRIX : 2 FRANCS

PARIS

IMPRIMERIE HENRI NOIROT

22, RUE DE L'ABBAYE, 22

1891

J.-C.-ALFRED PROST

TROIS ŒUVRES D'UN MÉCONNU

EXTRAIT

DE LA

VIE DE FERDINAND THÉNARD

PRIX : 2 FRANCS

PARIS

IMPRIMERIE HENRI NOIROT

22, RUE DE L'ABBAYE, 22

1891

AVANT-PROPOS

La vie de Ferdinand Thénard, telle qu'elle nous semble devoir être publiée, c'est-à-dire avec son portrait gravé sur acier et la reproduction, par les meilleurs moyens connus, de ses principales productions, se trouvant retardée par des circonstances indépendantes de notre volonté, nous accédons aux désirs manifestés par plusieurs amateurs de choses d'art en leur présentant les œuvres qui furent : en ciselure, en peinture et en art d'ameublement les trois dernières créations de ce maître regretté.

J.-C.-Alfred PROST.

Paris, le 26 décembre 1890.

I

THÉNARD CHANTEUR

Le 26 mai 1889, quelques rares amis, restés fi-
dèles à Thénard dans l'infortune, accompagnaient
au cimetière Montparnasse la dépouille mortelle de
cet artiste dont la vie, absorbée par les travaux les
plus divers, resta constamment étrangère à toutes
les coteries.

Sa mémoire mérite d'autant plus d'être glorifiée
qu'elle nous fournit un remarquable exemple de ce
que peut produire une volonté opiniâtre mise au ser-
vice d'une intelligence d'élite. Si nous joignons à
cela une nature foncièrement honnête, un profond
sentiment de toutes choses artistiques, une facilité
et une puissance de travail extraordinaires; une
santé délicate, partant un corps faible, sous une apparence de colosse, le tout dominé par un esprit
fort, nous aurons esquissé, en quelques mots, la ca-
ractéristique de la vie de Thénard.

Ferdinand-Étienne-Louis-Christophe Masson de
Puitneuf, dit Ferdinand Thénard, fils d'une pensionnaire de la Comédie-Française, mariée à un

écuyer de S. A. R. M. le duc de Berry, naquit à Paris, le 18 avril 1823. On peut avec quelque raison l'appeler un enfant des Muses, puisque son père fut, après la Révolution de Juillet, le créateur des concerts en plein air, et que sa grand'mère a été elle-même une des gloires de la maison de Molière.

Placé à l'âge de douze ans dans l'atelier du célèbre Brasseux, le graveur du Palais des Tuileries, il devint son meilleur élève, et, plus tard, son successeur. Ses premières œuvres, exécutées sous la direction de son maître, furent : un superbe médaillon de Molière, aujourd'hui au musée de la Monnaie, que Brasseux dut signer lui-même afin qu'il pût être exposé au Salon ; la série des cachets de S. M. le roi Louis-Philippe et de tous les princes de sa famille, œuvres d'art remarquables, disparues lors du pillage des Tuileries, en 1848, et refaites par Thénard sur la demande de la reine Amélie, durant son séjour en Angleterre.

Comme ses camarades d'atelier, il cherchait souvent à rompre la monotonie de l'apprentissage en chantant les airs populaires. Le charme, la justesse, la puissance de sa voix l'ayant fait remarquer, il entra, sous les conseils de sa grand'mère et de Levasseur, le 23 janvier 1841, au Conservatoire de musique dirigé alors par Cherubini.

Inscrit comme pensionnaire de LL. AA. RR. le duc et la duchesse de Berry, il y eut pour professeurs : Panseron, Bordogni et Lecouppey.

Guidé par ces maîtres éminents, facilité par les dispositions naturelles dont il était doué, il devint non seulement un élève hors ligne, mais un sujet remarquable qui débuta, de la façon la plus bril-

lante, à Bruges, avec une admirable voix de basse-
chantante, tant dans le grand-opéra que dans l'opéra-
comique.

Abordant successivement tous les premiers rôles
du répertoire, il obtint de suite les plus brillants
succès.

Une maladie l'ayant obligé à séjourner sous un
climat plus tempéré, il passa en Italie où il utilisa
sa convalescence en se perfectionnant auprès des
maîtres de ce pays.

Remarqué à son retour en France par Halévy,
qui lui destinait le rôle du *Chevrier* dans le « *Val
d'Andorre* », l'apparition du choléra, en 1849, le
força à quitter Paris.

Engagé de suite à Bayonne, il y devint l'enfant
gâté de la ville et des environs. Non seulement il y
fut acclamé comme aucun chanteur ne l'avait été
avant lui, mais il lui arriva souvent de voir, à sa
sortie du théâtre, le public vouloir dételer sa voiture
et le porter en triomphe. Sa renommée grandissant,
le directeur du Grand-Théâtre de Bordeaux alla jusqu'à lui envoyer un engagement signé en blanc, afin
qu'il y apposât ses conditions qui, lui disait-il, ne
seraient même pas discutées par l'Administration de
cet établissement.

Revenu momentanément à Paris, il y revit son
ancien maître Brasseux qui, touchant à la fin de sa
carrière, désirait confier à quelqu'un pouvant en
continuer les traditions, l'atelier d'où étaient déjà
sortis tant de petits chefs-d'œuvre.

Blessé dans sa modestie par des acclamations et
des démonstrations trop bruyantes pour sa timi-
dité; peu satisfait d'un frôlement, d'un entourage

dans lequel il ne rencontrait pas toujours la distinc-
tion, la délicatesse dont il ne se départissait jamais ;
poussé aussi par le désir de se créer un intérieur,
Thénard accéda aux propositions qui lui étaient
faites.

Abandonnant définitivement le théâtre, renon-
çant au chant qu'il ne devait plus pratiquer que
pour charmer les siens, distraire ses amis ou assurer le succès des œuvres de bienfaisance auxquelles
il prêta souvent son concours, il vint, en 1851, s'ins-
taller au Palais-Royal.

II

THÉNARD GRAVEUR, CISELEUR, SCULPTEUR

C'est alors que commença réellement sa vie artistique proprement dite. Ainsi que nous le disions sur sa tombe, en lui adressant un dernier adieu : « Reve-« nant à la gravure et à la ciselure comme on revient « toujours à la première inspiration, c'est à elle qu'il « allait demander, c'est par elle qu'il allait obtenir « dorénavant, dans des œuvres désormais impéris-« sables, le *summum* de la gloire et du succès. »

Nous donnerons seulement la nomenclature de ces œuvres, avant d'arriver à celles qui doivent nous occuper spécialement en faisant l'objet de cette brochure.

Graveur de la Présidence, sous la deuxième République, comme son prédécesseur l'avait été du château des Tuileries, sous la monarchie de Juillet, Thénard fit, à cette époque, les armoiries et les cachets de l'Elysée, ainsi que ceux de tous les personnages en vue.

Choisi au concours, en 1855, pour ciseler le canon qui devait être offert à S. M. la Reine d'Angleterre, après la campagne de Crimée, il exécuta, en six mois, « *L'Alliance* » que plusieurs critiques ont qualifié d'œuvre unique et signalé comme étant le plus beau travail de ce genre. L'original se voit à l'arsenal de Woolwich. Les deux surmoulés sont : l'un, au Musée d'Artillerie ; l'autre, au Musée de Kensington.

Les succès obtenus par ce travail lui valurent : la commande du *Vase de Crimée*, d'où il tira : *Le Chef de bataillon, Le Zouave au clairon, Le Highlander au tambour*; celles du *Médaillon de l'Empereur* ou *Dix ans de l'Empire* 1851–1861 ; celui de lord *Palmerston*.

Ses autres œuvres importantes en ciselure sont : un *Bénitier* en jaspe et argent ; *La Coupe mythologique* : Arion fascinant les dauphins ; *L'Encrier Louis XV*, surmonté des bustes de Shakespeare, du Dante, de Molière, de Schiller ; une *Canette* en bohême et argent : Triton, Sirène, Dragon ; une *Coupe* d'après l'antique ; un *Collectionneur* ; une *Boîte à cigares*, porphyre oriental et argent ; un *Porte-fleurs* onyx et argent ; *Les Quatre saisons*; *La Coupe renaissance; Les Sept péchés capitaux;* la réduction et l'édition de *La Flore de Farnése* de Petitot ; les cachets de LL. MM. l'Empereur des Français et l'Empereur de Russie.

Parmi les bijoux ou œuvres de moindre importance, nous devons citer : *La Curée* pour pomme de canne ; *Triboulet*, pour timbre de table ; *L'Amour supportant le monde*, pour sonnette ; le *Médaillon de Walter Scott*, gravé en creux pour cachet avec manche en bronze ciselé, style renaissance ; une série de cachets religieux ; un camée sardoine *Le Profil de la Vierge*; un autre en malachite, *Le Christ*; des anneaux style moyen âge; des bracelets, une quantité de gravures sur pierres fines représentant des sujets mythologiques ou autres; enfin un grand nombre d'armoiries composées et exécutées par lui, dont les plus remarquables ont été : celles des maréchaux Pélissier, duc de Malakoff; comte Regnault de Saint-Jean-d'Angely ; Bazaine, etc. ; des marquis de Castéja, d'Hautpoul, de Croismare, du comte d'Argout, etc., etc.

Ordre et Liberté.

A tout artiste consciencieux, ennemi de l'intrigue, de la réclame et du bruit (ce qui ne sera bientôt plus que légendaire), faisant de l'art par vocation et non pour la galerie, pour la fortune ou pour la gloire, les grands événements inspirent forcément des œuvres nouvelles.

La France faible, légère et humiliée dans les désastres de 1870, avait profondément impressionné Thénard. Le projet de Constitution de 1875 lui suggéra l'idée d'un emblème personnifiant dorénavant la Patrie nouvelle telle qu'il l'idéalisait dans son esprit. Si, dans cette dernière œuvre, la pensée politique a guidé la spatule du maître, l'idée vraiment patriotique domine l'esprit de parti.

La France qu'il nous a donnée est représentée par une femme jeune, belle, au regard doux et calme, aux traits mâles, mais sans dureté; au port majestueux ; prête à faire respecter la loi en repoussant toute tentative de désordre.

C'est une statuette, modèle en bronze, de $0^{m}68$ de hauteur, ayant pour titre : *Ordre et Liberté.*

Dans une attitude gracieuse, la France vaincue et mutilée semble se recueillir pour préparer son relèvement. Le regard fixe, interrogeant anxieusement l'horizon, paraît vouloir chercher un sauveur ; son maintien digne, résigné, commande le respect qu'inspire une sincère douleur, appelle la sympathie qui va toujours aux belles victimes, à la suite des grandes catastrophes. Vêtue simplement d'une tunique très bien drapée, serrée à la taille par une ceinture à laquelle est suspendue une épée au fourreau, cette statuette tient de la main droite, tombant le long du corps, un cartouche portant comme inscription :

HONNEUR. — PATRIE. — COURAGE. — RESPECT A

LA PROPRIÉTÉ. — OBÉISSANCE AUX LOIS.

FORCE. — TRAVAIL.

Sur le socle, aux pieds de la statue, est gravée la devise par excellence qui est le titre de cette belle œuvre.

La main gauche, appuyée sur un fusil au repos, rappelle, en même temps que la défaite, le besoin de se défendre, de se protéger, la ferme volonté de ne point provoquer.

La tête, couronnée d'épis, symbolise la richesse, la prospérité, auxquelles peut atteindre un peuple pratiquant les vertus civiques qui forment la base d'une Constitution sage, prudente et libérale.

Ce n'est point la République aux formes dispro-
portionnées, disgracieuses, ornée d'attributs dont
beaucoup d'artistes ont fourni de nombreux modèles,
dont tant de connaisseurs dédaignent ou blâment
les emblèmes ; mais c'est la France grande, belle,
noble, résolue, telle que la rêve tout homme
aimant passionnément son pays et désirant en avoir
l'image constante sous les yeux.

La pose est admirable de formes, de simplicité,
merveilleuse de grâce, de proportions ; les détails en
sont ciselés avec une finesse telle qu'on pourrait
croire que l'auteur a voulu lui donner tous les soins
que l'on apporte à une dernière création.

Reproduite dans des dimensions plus grandes
ou plus petites, elle conservera toujours son charme,
son attrait, parce qu'elle est sans défaut.

L'occasion est favorable, croyons-nous, pour le
Ministère des Beaux-Arts, pour la ville de Paris ou
pour un collectionneur, de conserver, soit dans nos
musées, soit dans une galerie, une belle œuvre que
nous enlèveront peut-être bientôt, les bank-notes
anglaises ou les dollars américains.

III

THÉNARD PEINTRE, AQUARELLISTE

Comme tous les véritables artistes, Thénard ne devait pas être un spécialiste.

Tandis que les médiocres, les nullités piétinent sur place en mettant une espèce de raffinement dans ce qu'ils sont incapables de perfectionner ou de dépasser, l'homme vraiment doué voit toujours au-delà du présent. Son goût, son esprit, son talent, sans cesse à la recherche du beau idéal, ne peuvent rester stationnaires. Dès qu'il croit l'avoir atteint dans un genre quelconque, délaissant les lauriers conquis, il est séduit par ceux qui restent à cueillir et repart aussitôt en guerre animé de la même ardeur, parce que, pour lui, c'est un besoin irrésistible : sans trève, ni merci, il faut vaincre ou mourir.

Les belles époques artistiques de la Grèce, de Rome, de la Renaissance, du Grand Siècle ; même les Expositions rétrospectives et décennales récentes nous en fournissent de nombreux exemples.

Thénard, doué au suprême degré pour tout ce qui touchait aux arts, ne devait pas échapper à cette particularité.

A l'âge de douze ans, il copiait, avec infiniment

de ressemblance, le beau portrait de sa grand'mère, par de Romance-Romany, qui est aujourd'hui au foyer des artistes de la Comédie-Française, et qui représente la célèbre tragédienne dans *Andromaque*, au moment où elle dit ces beaux vers :

> Tais-toi, perfide,
> Et n'impute qu'à toi ton lâche parricide !
> (ACTE V, Sc. v.)

Après avoir, en 1865, pris quelques leçons du professeur Suisse, il exposait, à Nice, en 1877 : *La Marchande de fleurs, Une Matinée brumeuse,* qui eurent un véritable succès et qui furent achetés par un riche Américain.

Depuis, son pinceau ne cessa de produire. Les vues les plus belles du littoral méditerranéen, du Bourbonnais, etc., firent l'objet de ses études.

Prenant pour guide et pour seul maître la Nature, il l'imitait à la manière des Corot, des Millet, des Diaz, des Rousseau, parce que son esprit était suffisamment doué pour en saisir toutes les beautés, pour en entendre toutes les harmonies, pour en comprendre toute la poésie. De même que ces vaillants, il serait devenu célèbre aussi dans ce genre, puisque, comme eux, il possédait la ténacité qui assure le triomphe et le dédain du qu'en dira-t-on qui n'entrave que les médiocrités.

Ses tableaux les plus connus sont : *Les deux jeunes filles basques, Un coin de ferme, Vue de Saint-Remo, Vue d'Hauterive, Bataille de coqs, Intérieur napolitain, Bourbonnaises sous un hêtre, Les laveuses au Sichon, Coucher de soleil, Les quatre saisons,* tirées des fables de La Fontaine.

Nous ne saurions passer sous silence un grand
nombre d'aquarelles sur lesquelles il a fixé les
curieux profils, pris sur le vif, de quelques types
allant demander chaque année : soit la santé aux
sources de Vichy, soit la chaleur ou les plaisirs au
soleil de la Corniche. Sa *Monacomanie* entr'autres
est, comme étude de mœurs, un petit chef-d'œuvre
agrémenté de ce bon rire gaulois qui tend trop à
disparaître.

Ses charges, surtout : *Quarante-huit heures de
haricots* et celle qu'il fit de son *facies* sont le comble
du comique.

Départ des Hirondelles.

Paris seul pouvant consacrer son nouveau talent
comme il avait jadis couronné ses succès de chanteur,
de ciseleur, il y revint et voulut y débuter par une
œuvre digne de son nom.

C'est alors qu'il conçut l'idée du *Départ des hirondelles*, œuvre sans précédent et probablement
sans imitateur en peinture. Cet immense panorama
de Paris fut relevé avec la minutieuse exactitude que
l'historien le plus consciencieux apporte toujours
dans la recherche des faits et des lieux qu'il veut reproduire.

L'odyssée de ce tableau est trop curieuse pour ne
pas être racontée tout au long.

Thénard y travailla pendant trois ans, fouillant

toutes les bibliothèques, parcourant tous les coins de
la grande ville pour en saisir les côtés ou les monuments historiques les plus pittoresques, les moins
connus. C'est au cours de ces recherches qu'il lui
arriva la plus singulière des aventures,

On se rappelle la fameuse échauffourée de Louise
Michel. En mars 1883, la grande citoyenne, prise
d'un de ces élans de philanthropie qui lui ont suscité
tant de déboires et ont eu si peu de résultat pour la
cause qu'elle défend, leva hardiment l'étendard de
l'émeute. Appelant sous les plis du drapeau noir les
nombreux ouvriers alors sans travail, elle espérait
qu'une manifestation devant les Chambres amènerait
un changement dans la crise existante.

A la tête de la foule qui avait répondu à son appel,
on pilla des boulangeries, rue de Vaugirard, boulevard Saint-Germain ; puis on se porta en masse devant le Palais-Bourbon, et de là à l'Esplanade des In-
valides, d'où l'on voulait marcher sur l'Elysée.

L'austère Grévy qui n'avait rien de la vaillance,
de la noblesse de son prédécesseur, ni de la dignité,
de la générosité de son successeur, veillait, avec un
soin tout particulier, sur les économies de ses frais
de voyage, grâce auxquelles on devait plus tard cons-
truire le splendide hôtel du boulevard Delessert. Les
ordres les plus sévères étaient donnés et exécutés en
vue de l'arrestation de tous ceux qui, durant ces
jours troublés, pouvaient paraître suspects.

Le plus curieux de l'histoire c'est que Thénard fut
de ce nombre.

Parti de chez lui après son déjeuner, avec son ba-
gage d'artiste, dans l'intention de relever un des
coins des Champs-Elysées, il s'était installé tranquil-

lement dans les environs de l'avenue Gabriel, où il travaillait d'arrache-pied, sans se douter même des événements qui se déroulaient autour de lui.

La police et la troupe n'eurent pas facilement raison des curieux ou des émeutiers. Ceux-ci, dispersés momentanément se reformaient de nouveau en groupes plus compacts et plus nombreux. On était loin d'être sans inquiétude au Palais de l'Elysée, où l'on tremblait de plus en plus à la vue des estafettes qui se succédaient sans interruption.

Vers cinq heures du soir un agent zélé ayant remarqué le peintre assis devant son chevalet d'où il jetait de temps à autre des regards furtifs sur ce qui l'entourait, pensa que cet être étrange, si calme en apparence, au plus fort du danger, ne pouvait et ne devait être que l'âme de la conspiration. Immédiatement il le mit en état d'arrestation, l'invitant à le suivre au commissariat du Palais de l'Industrie.

On se mit en route accompagné de nombreux badauds au milieu desquels Thénard riait à gorge déployée de se voir prendre pour un conspirateur : lui qui, pour toutes armes, n'avait qu'un pliant, un chevalet, sa palette et son pinceau. Pour peu il eut entonné l'air de *Madame Angot*, si la pensée de sa femme, de sa fille, ainsi que des amis qui l'attendaient pour se mettre à table, ne se fut présentée à son esprit. L'aimable magistrat devant lequel il fut conduit prend trop au sérieux ses délicates fonctions pour ne pas y apporter toute la prudence et la dignité qu'elles comportent.

Plus perspicace que son agent, en voyant la bonne figure de l'artiste, il fut de suite rassuré sur le degré de culpabilité du prévenu. Mais la fo...o...orme, suivant Bridoison, ne pouvait et ne devait abandonner ses droits. Avant de le mettre en liberté, la simple prudence administrative lui commandait au moins de s'assurer si l'inculpé n'était pas le dernier des malfaiteurs. Dans ce but il fit prendre d'urgence des renseignements sur Thénard par le commissaire du quartier où il habitait.

Ne le voyant pas rentrer à l'heure qu'il avait fixée, on était chez lui d'autant plus inquiet sur son sort qu'il ne lui arrivait jamais de se mettre en retard.

A sept heures et demie un violent coup de sonnette retentit. L'anxiété ne fit qu'augmenter lorsque, au lieu du maître si impatiemment attendu, on vit se présenter un nouvel agent, posant consciencieusement toutes les questions auxquelles on doit répondre quand il s'agit d'une instruction dirigée contre un grand criminel.

Thénard, remis en liberté, rentra au logis vers huit heures du soir, ne pouvant maîtriser l'hilarité que lui causait un tel quiproquo.

Il finit par achever son tableau qu'il songea à exposer.

Sur ces entrefaites, un événement de très grande importance venait de se produire, intéressant au plus haut point non seulement les artistes peintres, sculpteurs, graveurs, etc., mais devant avoir, selon nous, de graves conséquences pour l'art français en général.

A l'État, seul organisateur jusqu'alors du Salon, venait de se substituer une société intitulée : *Société des Artistes français*, aujourd'hui universellement connue.

Pour faire partie de cette Société il fallait : soit avoir été admis au Salon, soit *être élève* au moins de l'un des organisateurs ou des membres du conseil d'Administration de la nouvelle Société.

Dans le but d'augmenter les ressources de la caisse, on consentait parfaitement à percevoir les cotisations de ceux qui espéraient pouvoir en faire partie. Dans sa naïve bonne foi d'honnête homme, Thénard fut de ceux-ci. Sans nul doute, rien ne lui eût été plus facile que de se faire ouvrir à deux battants la porte d'un des salons annuels en exposant une de ses admirables ciselures qui, de prime abord, lui eussent certainement valu une des premières récompenses. Mais son talent de ciseleur étant aussi incontestable qu'incontesté, il dédaigna de le faire consacrer de nouveau, préférant prendre place dans ce nouvel état de choses fait aux artistes, par une preuve éclatante d'un talent qui ne lui était pas reconnu et qu'on ne lui soupçonnait même pas.

C'est alors que sans crier gare, il apparut au Salon de 1885 avec cette immense toile du *Départ des hirondelles*, mesurant 2^m,50 sur 1^m,80 qui jeta la stupéfaction dans tout le Comité des *récepteurs d'œuvres*, aussi peu disposés à recevoir un travail d'une telle importance, qu'à juger quelque chose sortant résolument des banalités vulgaires ou des rabachages ordinaires.

D'où venait cet intrus ? De qui était-il élève ? Comment osait-il présenter un morceau pareil, pouvant remplir, à lui seul, l'espace réservé à trois protégés ? Dans quelle catégorie rangeait-on ce monument qui ne ressemblait à rien de ce que l'on admettait habituellement ? Le caserait-on à la peinture ou à l'architecture; dans les tableaux ou parmi les plans?

Si quelques-uns, au nombre desquels nous sommes heureux de citer le célèbre Bouguereau, se rendirent compte immédiatement des efforts faits par Thénard pour mener à bien une telle œuvre et proposèrent de l'admettre sans discussion, d'autres, plus nombreux et infiniment moins compétents, s'acharnèrent à le refuser impitoyablement.

Le refus de son tableau *au Salon* frappant Thénard en pleine incubation de sa nouvelle incarnation artistique, fut en effet le terrible coup de foudre qui troubla à tout jamais, si l'on peut s'exprimer ainsi, l'admirable précipité cérébral d'où auraient encore pu sortir tant de ravissantes productions. Ce fut le commencement de ce mal étrange qui tout en lui permettant néanmoins de mettre à jour quelques-unes de ses idées, ne fit pourtant qu'augmenter jusqu'au 24 mai 1889, date à laquelle le maître s'éteignit dans nos bras.

Par un singulier et bizarre revirement d'opinions, nombre de ceux qui, quelques jours auparavant, avaient voté contre l'admission au Salon du *Départ des hirondelles,* vinrent supplier l'auteur de vouloir bien l'envoyer à une autre Exposition, où eux-mêmes avaient emporté et réuni les œuvres qui leur avaient valu tant de mécontentements.

Cette nouvelle Exposition était celle du *Groupe des Artistes indépendants,* installée dans les baraquements situés sur l'emplacement du Palais des Tuileries.

Admirablement placé, très bien éclairé, attirant les visiteurs tant par la grandeur de ses dimensions

que par l'originalité et la surprise que causait son
sujet, il fut réellement un des clous de cette Exposition. On lisait sa curieuse légende tirée du *Monde
aérien* : « Par un beau coucher de soleil d'octobre,
« elles se mirent à voltiger par groupes de monu-
« ments en monuments et se réunissant au-dessus
« de la place Vendôme, elles dirigèrent leur vol vers
« des climats plus doux. »

On admirait l'instinct de ces admirables messa-
gères des beaux jours, instinct qui les poussait à
aller demander à des climats plus tempérés un abri
contre les rafales et les frimas de l'hiver. L'œil se
reportait sur ce merveilleux panorama de Paris que
l'on embrassait si facilement, qui se déroulait en
entier devant le spectateur, lui permettant d'en saisir toutes les grandes voies, d'en reconnaître tous les
monuments et lui montrant, surtout dans une belle
perspective, cette incomparable avenue des Champs-
Elysées, terminée par l'Arc de Triomphe, que l'on ne
pouvait se lasser d'examiner.

Au nombre des visiteurs les plus enthousiastes
de ce tableau, on put compter LL. AA. RR. Mon-
seigneur le comte et Madame la comtesse de Paris,
qui s'y arrêtèrent en trois différentes fois, l'obser-
vèrent minutieusement dans tous ses détails et char-
gèrent l'organisateur de l'Exposition, M. Sardey, de
transmettre à l'artiste leurs bien sincères félicitations en ajoutant (nous nous permettons de reproduire les propres paroles de LL. AA.): « Ce n'est pas
« seulement un tableau des plus intéressants, c'est
« toute une œuvre. »

Outre ces félicitations qui lui furent particulière-
ment sensibles, Thénard reçut aussi celles de Bou-

guereau et de nombre d'autres personnages, dont plusieurs n'hésitèrent pas à affirmer qu'il n'existait pas actuellement à Paris, un artiste qui voulût entreprendre de mener à bien, à lui seul, un travail si colossal.

Les diverses péripéties par lesquelles nous venons de voir passer *Le Départ des hirondelles* ne furent pas les seules qu'il eut à subir : d'autres plus tristes, plus anxieuses encore pour son auteur, lui étaient réservées.

Après avoir été demandé pour faire partie d'une Exposition, d'une durée de six semaines, organisée, 16, rue Halévy, il fut *choisi spécialement, comme œuvre non commune*, pour être envoyé à l'Exposition de la Nouvelle-Orléans, où il figura, en 1886, à côté des envois de nos plus grands maîtres.

On sait ce qu'il advint de cette exibition organisée par des habiles qui n'eurent d'autre but que d'obtenir de nos artistes, nombre de tableaux, de statues, de bronzes, etc., dont ils trafiquèrent de la façon la plus déloyale, avant la fin même de l'Exposition.

Loin de s'occuper des intérêts qui lui avaient été confiés, un certain M. Howard, directeur de la Section artistique, ne craignit pas de se faire prêter de l'argent sur toutes les œuvres dont il avait sollicité l'envoi, puis de disparaître en les abandonnant ainsi à la merci de ses créanciers.

Une chose qui ne fut pas moins triste pour les victimes de cette indélicatesse, ce fut l'insouciance et l'incurie du consul français d'alors à la Nouvelle-Orléans, qui ne sut : ni répondre aux légitimes réclamations de ses nationaux, ni s'occuper de défendre en quoi que ce soit leurs intérêts.

Thénard et ses confrères n'eurent d'autres ressources, pour rentrer en possession de leurs œuvres, que de se constituer en syndicat afin de pouvoir rembourser, au prorata de la valeur de celles-ci, les sommes pour lesquelles elles avaient été engagées, et de les faire revenir à leurs frais, faute de quoi elles allaient être vendues aux enchères.

Depuis, *Le Départ des hirondelles* fait le plus bel ornement de la salle du Conseil d'Administration de l'Agence générale de la Propriété artistique, 17, rue du Faubourg-Montmartre, où il a déjà été l'objet de plusieurs propositions d'achat et où il peut être visité par les amateurs, tous les jours, de 9 heures du matin à midi, et de 2 heures à 6 heures du soir.

Paravent-décoratif chevalet.

Cette dernière création de Thénard est non seulement une chose artistique, mais aussi un objet de véritable utilité, bien fait pour en augmenter le prix.

Réalisant en cela le côté essentiellement pratique qui avait présidé à la conception de chacune de ses œuvres, comme s'il se fut senti le besoin de s'abriter lui-même contre le froid de la mort qui l'avait saisi, ainsi que nous l'avons dit, et qui le pénétrait de plus en plus, il imagina le Paravent dit : *Paravent-décoratif chevalet.*

Le *Paravent-décoratif* se compose d'un premier corps formant montant en bois, fer ou autre matière.

Ce montant peut être peint, doré ou recouvert d'une étoffe quelconque. Le centre se trouve formé d'une ouverture de grandeur indéterminée, destinée à recevoir une peinture ou toute autre décoration. Cette dernière, placée sur un montant intérieur, derrière le premier, forme chevalet en même temps qu'elle sert à donner l'aplomb et la pente voulue pour bien voir la peinture. Les jours de côté sont fermés et isolent le tableau au moyen de tringles mobiles garnies, soit de rideaux, soit de volets, se développant de manière à former un paravent à deux ou trois compartiments.

Le tout repose sur des patins à roulettes pouvant en faciliter le déplacement.

L'ornementation choisie par Thénard, dans les deux modèles déposés à son atelier, 102, avenue des Ternes, consiste en une peinture représentant un très beau ciel dans lequel voltigent des oiseaux au-dessus d'une cascade blanche d'écume.

Les rideaux, garnis de peluche vieil or, très bien drapés, se repliant au moyen d'un système de fermeture aussi simple qu'ingénieux, peuvent s'assortir à n'importe quel genre d'ameublement, tout en formant un objet d'art nouveau, précieux, d'un prix modique, en même temps qu'un meuble des plus utiles et du plus bel effet décoratif.

Le dépôt du modèle fait par l'auteur, ainsi que les termes de la Convention de Berne, en garantissent et en assurent indéfiniment la propriété à ses ayants-droit.

IV

THÉNARD INVENTEUR, LITTÉRATEUR

Outre les talents que nous venons d'énumérer et la liste de ses œuvres artistiques que nous avons fait connaître, Thénard possédait à un haut degré un esprit inventif pratique, capable de répondre non seulement aux besoins de son temps, mais aussi de contribuer à augmenter le confort intellectuel et matériel désirables, dans une ville comme Paris, où la transformation de son assiette, la rapidité des moyens de communication allaient amener une foule toujours croissante de visiteurs cosmopolites.

Son projet de *Cercle universel* intitulé aussi : *Réunions intimes des étrangers — Salons des Sciences, des Arts, du Commerce et de l'Industrie* ou encore *Arènes des jeunes Artistes de tous les pays*, est un établissement qui manque encore à l'intelligence, à l'attrait de notre Capitale, et qui, malgré de nombreux emprunts, n'existe nulle part aussi complet que celui qu'il avait imaginé. L'idée de son journal, *Echo départemental*, laisse un vide qui n'a pas encore été comblé et qui pourrait toujours rendre les plus grands services.

Ses autres inventions ayant fait l'objet de neuf brevets, pris tant en France qu'à l'étranger, nous nous contenterons d'en reproduire la nomenclature. Ce sont :

Incrustations en relief dites peintures anasté-réographiques.

Les Armoiries des Sénateurs.

L'Enveloppe de sûreté.

Le Cacheteur Thénard.

Le Limite-cire.

Le Marteau-timbre-composteur.

Le Cachet des fleurs.

Le Cachet religieux.

Les Chenêts-bouilloires.

L'Indispensable du bureau,

toutes choses qui sont encore aujourd'hui l'objet d'un usage ou d'un besoin journalier que l'on ne peut se procurer aussi pratiques qu'il les avait inventées.

Versé dans la glyptique et dans la science héraldique, au point d'être arrivé à se faire connaître pour un des praticiens les plus savants et les plus habiles, Thénard s'est aussi essayé en littérature.

Ce que nous possédons de lui : correspondances, nouvelles, monologues, poésies, pièces de théâtre, est plus que suffisant pour nous permettre d'apprécier la verve, les saillies, le brillant esprit dont il était doué.

Ses comédies, parmi lesquelles plusieurs ont obtenu de véritables succès à Nice, à Nevers, à

Moulins, ainsi que dans les salons les mieux fréquentés, ont pour titre :

Les Gants gris perle.
Babylas en voyage.
Il a manqué le train.
Un Homme irrité.
Madame le Colonel.
La Toquade de Salvator.
Nos Projets.
En voyage.
L'Oncle Pontgiron.

Cette nomenclature aussi rapide que succincte des productions de Thénard est, sans nul doute, très insuffisante, tant pour permettre d'apprécier cet artiste, mort en laissant pour toute fortune le culte de son art, que pour faire admirer l'homme qui vivra toujours dans la mémoire de ceux qui l'ont connu. Dans sa biographie complète, nous nous efforcerons, dès que nous la publierons, non seulement de décrire, de juger toutes ses œuvres, mais aussi de reproduire ou de faire éditer celles qui nous paraîtront devoir être conservées.

TABLE DES MATIÈRES

Paris. — H. Noirot, imprimeur, 22, rue de l'Abbaye.

148

9 782013 629355